Gebäck für Genießer

Karola Erdmann

Gebäck für Genießer

Feine Plätzchen,
kleine Naschereien und
fruchtige Kuchen

BuchVerlag
für die Frau

ISBN 978-3-89798-272-7

Fotos: Scarlini-Bender, Good Taste Foodfotografie, Hamburg
Satz, Layout und Titelgestaltung: Uta Wolf, Leipzig
Druck und Bindearbeiten: Salzland Druck GmbH & Co. KG, Staßfurt

Printed in Germany

www.buchverlag-fuer-die-frau.de

Inhalt

Backen mit Leidenschaft

Karola Erdmann hat das Backen wie viele Thüringerinnen von klein auf in der Familie geübt. Schon als Sechsjährige war sie begeistert von den Torten, die ihr Vater, Bäckermeister in Arnstadt, für Festtage herstellte. Und sie erinnert sich noch ganz deutlich, wie sie mit ihrer Schwester nachts in die Küche schlich, um heimlich für die Mutter eine Geburtstagstorte zu backen.

Die gelernte Einzelhandelskauffrau erfüllte sich in den 1990er Jahren einen lang gehegten Traum: Sie betrieb einen Partyservice und verwöhnte ihre Kunden mit immer neuen süßen Überraschungen.

Den Plätzchen sieht man die liebevolle, ideenreiche „Machart" an, sie laden zum Naschen ein. Für ihre zarten Sahnerollen, die fruchtigen Kuchen und die schön dekorierten Torten legt Karola Erdmann besonderen Wert auf Bekömmlichkeit und fein abgestimmte Geschmacksnuancen – wie die Thüringer das lieben.

Für kleine und große Festlichkeiten, für sommerliche Fruchtgenüsse bis zu weihnachtlichen Schlemmerstunden findet sich für viele Gelegenheiten die passende süße Krönung.

Die Temperaturangaben in den Rezepten beziehen sich auf Umluft.

Gutes Gelingen und Backgenuss wünschen
Autorin und Verlag

Plätzchen, Plätzchen, Plätzchen … und kleine Naschereien

Schokoladenplätzchen

Teig:
200 g Butter · 200 g Maizena · 150 g Mehl · 75 g Zucker
1 Päckchen Vanillezucker · 70 g Kakao · Schokoladenplätzchen oder Haselnüsse

Teigzutaten verkneten. Backofen auf 180 °C vorheizen. Aus dem Teig haselnussgroße Kugeln formen und diese auf ein mit Backpapier belegtes Blech setzen. Schokoladenplätzchen oder Haselnüsse darauf drücken und backen.

Tipp: Teigabfälle zu Kugeln rollen, etwas Nougat einrollen, backen. Die Kugeln mit Puderzucker bestäuben.

Backzeit: 12-15 Minuten
Backtemperatur: 180 °C

Anzahl: ca. 50 Stück

Spekulatius-Sterne

Teig:
250 g weiche Butter · 250 g Zucker · 2 Eier · 500 g Mehl
2 EL Spekulatiusgewürz · 2 TL Backpulver · 100 g gemahlene Mandeln
abgeriebene Schale einer unbehandelten Zitrone · 1 Eiweiß
75 g Mandelplättchen

zum Verfeinern:
250 g Puderzucker

Butter schaumig schlagen, Zucker und Eier zufügen, cremig schlagen. Mehl, Gewürz, Backpulver, Mandeln und Zitronenschale unterkneten. Abgedeckt 2 Stunden kühlen.

Ofen auf 180 °C vorheizen. Teig portionsweise zwischen zwei großen, aufgeschnittenen Gefrierbeuteln 3-4 mm dick ausrollen. Sterne ausstechen und auf ein mit Backpapier ausgelegtes Blech geben. Mit verquirltem Eiweiß bestreichen. Mandeln aufstreuen und 10-12 Min. backen.

Puderzucker und 2 EL Wasser glatt rühren, in einen kleinen Gefrierbeutel geben, eine sehr kleine Spitze abschneiden und die abgekühlten Spekulatius-Sterne damit verzieren.

Backzeit: 10-12 Minuten
Backtemperatur: 180 °C

Anzahl: ca. 80 Stück

Geleeblümchen

Teig:
175 g Butter · 65 g Zucker · 2 Päckchen Vanillezucker · 1 Ei
175 g Mehl · 75 g Speisestärke

Füllung:
Gelee (z. B. Kirsche, Himbeere, Erdbeere, Apfel, ...)

zum Verfeinern:
Halbbitterschokolade

Butter, Zucker, Vanillezucker und Ei schaumig schlagen, Mehl und Stärke zugeben. Zu einem Teig verkneten und diesen in Folie gewickelt eine Stunde kalt stellen.

Aus der einen Hälfte des Teiges ca. 4 cm große Plätzchen in Blumenform ausstechen und backen. Die andere Hälfte genauso, allerdings in der Mitte mit einem ca. 2 cm großen Loch, ausstechen. Backen und auskühlen lassen.

Gelee im Wasserbad erwärmen und dünn auf die ungelochten Plätzchen streichen, jeweils ein gelochtes Plätzchen daraufsetzen. Nun das Loch vorsichtig mit Gelee ausfüllen und nach Belieben mit der geschmolzenen Schokolade verzieren.

Backzeit: 10 Minuten
Backtemperatur: 180 °C

Anzahl: ca. 80 Stück

Zitronensterne

Teig:
250 g Zucker · 300 g gemahlene Mandeln · 3 Päckchen Vanillezucker abgeriebene Schale einer unbehandelten Zitrone · 2 EL Zitronensaft · 2 Eier 5 EL Zucker · 125 g Puderzucker

Zucker, Mandeln, Vanillezucker, Zitronenschale, Zitronensaft, ein Ei und ein Eigelb verkneten, den Teig ca. 60 Min. kühlen. Backofen auf 150 °C vorheizen.

Auf gezuckerter Fläche den Teig ca. ½ cm dick ausrollen, Sterne (ca. 3-4 cm Durchmesser) ausstechen und in Zucker tauchen. Restliches Eiweiß steif schlagen, Puderzucker einrieseln lassen, auf die Plätzchen streichen und 15-20 Min. backen.

Backzeit: 15-20 Minuten
Backtemperatur: 150 °C

Anzahl: ca. 60 Stück

Schokostäbchen

Teig:
150 g weiche Butter · 125 g Zucker · 230 g Mehl
125 g gemahlene Haselnüsse · 2 Eigelb · 1 EL Kakaopulver
½ TL Zimtpulver

zum Verfeinern:
100 g weiße Schokolade

Butter mit Zucker cremig rühren. Mehl, Nüsse, Eigelb, Kakao und Zimt untermischen. Zugedeckt ca. 60 Min. kühlen.

Backofen auf 180 °C vorheizen. Teig in ca. 5 cm lange schmale Streifen auf ein geöltes Blech spritzen und 10-12 Min. backen. Abgekühlte Stäbchen mit geschmolzener weißer Schokolade verzieren, z. B. zur Hälfte eintauchen.

Backzeit: 10-12 Minuten
Backtemperatur: 180 °C

Anzahl: ca. 30 Stück

Mandelgebäck

Teig:
100 g weiche Butter · 60 g Puderzucker · 100 g Mehl
100 g gemahlene Mandeln · 1 Eigelb · 1 Mandelaroma
ca. 35 geschälte Mandelkerne

zum Verfeinern:
100 g Schokolade

Butter mit Puderzucker schaumig schlagen. Mehl, gemahlene Mandeln, Eigelb und Aroma unterkneten. In Folie gewickelt 30 Min. kühlen. Den Ofen auf 180 °C vorheizen.

Aus dem Teig Kugeln (ca. 2 cm Durchmesser) formen, etwas flach drücken, je eine Mandel darauf drücken und ca. 15 Min. backen. Nach dem Abkühlen mit der geschmolzenen Schokolade garnieren (Foto, Mitte).

Backzeit: 15 Minuten
Backtemperatur: 180 °C

Anzahl: ca. 35 Stück

Rote Nestchen

Teig:
250 g Mehl · 1 gestrichener TL Backpulver · 100 g Zucker · 1 Päckchen Vanillezucker · einige Tropfen Bittermandel-Aroma · 1 Prise Salz · 3 Eigelb 150 g weiche Butter

zum Verfeinern:
2 Eiweiß · 100 g gehackte Mandeln · 150 g Himbeer- oder Johannisbeergelee

Alle Teigzutaten verkneten.
Zur Kugel formen, in Folie wickeln und ca. 30 Min. kühlen. Den Ofen auf 180 °C vorheizen. Aus dem Teig etwa haselnussgroße Kugeln formen. Jede Kugel zuerst in geschlagenes Eiweiß tauchen, dann in den Mandeln wälzen. Auf ein mit Backpapier ausgelegtes Blech setzen. In jede Kugel mit einem in Mehl getauchten Kochlöffelstiel eine Mulde drücken und ca. 15 Min. backen.

Gelee und 1 EL Wasser erhitzen und in die Mulden der abgekühlten Plätzchen füllen (Foto Seite 15, oben).

Variante:
Die Plätzchen nicht in Ei und Mandeln wälzen, sondern nach dem Backen und Füllen mit Schokolade verzieren (Foto Seite 15, vorn).

Backzeit: 15 Minuten
Backtemperatur: 180 °C

Anzahl: ca. 80 Stück

Kirschmakronen

Teig:
2 Eiweiß · 200 g Zucker · 300 g gemahlene Mandeln
5 Tropfen Bittermandelaroma · 1 EL Amaretto · 20 Amarenakirschen (Glas)

Eiweiß mit Zucker steif schlagen. Mandeln, Aroma und Likör unterrühren. Backofen auf 150 °C vorheizen. 40 Tupfen auf Backpapier setzen, je eine halbierte Kirsche darauf geben und 20 bis 25 Min. backen.

Backzeit: 20-25 Minuten
Backtemperatur: 150 °C

Anzahl: ca. 40 Stück

Gebackene Marzipanpralinen

Teig:
175 g Mehl · 75 g Speisestärke · 175 g Butter
2 Päckchen Vanillezucker · 65 g Zucker · 1 Ei

Füllung:
Marzipan

zum Verfeinern:
1 Ei · Schokoladenstreusel

Teigzutaten verkneten. In Folie gewickelt eine Stunde kalt stellen.

Vom Teig Kugeln (ca. 2,5 cm Durchmesser) formen. In die Mitte der Kugeln eine kleine Menge Marzipan einrollen. Nun die fertigen Kugeln zuerst in dem verquirlten Ei und danach in Schokoladenstreuseln wälzen. Die Kugeln ca. 12-15 Min. backen.

Backzeit: 12-15 Minuten
Backtemperatur: 200 °C

Anzahl: ca. 50 Stück

Orangentaler

Teig:
4 Eigelb · 170 g Zucker · abgeriebene Schale einer halben Orange
1 EL Orangensaft · 300 g gemahlene Mandeln

zum Verfeinern:
100 g Puderzucker · 2 EL Orangensaft · 40 g Orangeat

Eigelb und Zucker dickcremig aufschlagen. Orangenschale und 1 EL Orangensaft zufügen, Mandeln unterkneten.

Ofen auf 180 °C vorheizen. Teig ca. ½ cm dick ausrollen, Taler (ca. 3-4 cm Durchmesser) ausstechen und ca. 10 Min. backen.

Puderzucker und übrigen Saft glatt rühren. Plätzchen damit bestreichen und mit dem Orangeat garnieren.

Backzeit: 10 Minuten
Backtemperatur: 180 °C

Anzahl: ca. 40 Stück

Kokosherzen

Teig:
150 g Zucker · 250 g Butter · 1 Eigelb · 1 Prise Salz · 2 TL Lebkuchengewürz · 1 TL abgeriebene Zitronenschale einer unbehandelten Zitrone
300 g Mehl · 150 g gemahlene Haselnüsse

Füllung:
100 g Nussnougat

zum Verfeinern:
50 g Aprikosenkonfitüre · 50 g Kokosraspeln mit roter Speisefarbe einfärben

Teigzutaten verkneten. In Folie gewickelt ca. 60 Min. kühlen.

Den Ofen auf 180 °C vorheizen. Teig auf einer bemehlten Fläche ca. 3 mm dick ausrollen, Herzen (ca. 4 cm Durchmesser) ausstechen und 10-12 Min. backen.

Die Hälfte der ausgekühlten Plätzchen dünn mit Nougatcreme bestreichen und mit den restlichen Plätzchen zusammensetzen. Konfitüre erwärmen. Die Oberflächen der Plätzchen damit bestreichen und mit Kokosraspeln bestreuen.

Backzeit: 10-12 Minuten
Backtemperatur: 180 °C

Anzahl: ca. 30 Stück

Mangoherzen

Teig:
125 g Puderzucker · 250 g Butter · 1 Eigelb · 1 Prise Salz
abgeriebene Schale einer unbehandelten Zitrone · 375 g Mehl

Füllung:
100 g Mango-Konfitüre

zum Verfeinern:
200 g Puderzucker · 2 EL Zitronensaft · rote Speisefarbe

Teigzutaten verkneten. In Folie gewickelt zwei Stunden kühlen. Den Ofen auf 180 °C vorheizen. Teig auf einer bemehlten Fläche 3 mm dick ausrollen. Herzen (4 cm Durchmesser) ausstechen und 10-12 Min. backen.

Die Hälfte der Herzen mit Konfitüre bestreichen, mit den übrigen zusammensetzen. Puderzucker, Zitronensaft und Speisefarbe verrühren und darauf streichen.

Backzeit: 10-12 Minuten
Backtemperatur: 180 °C

Anzahl: ca. 30 Stück

Rahmplätzchen

Teig:
190 g Butter · 250 g Mehl · 1 Päckchen Vanillezucker · 1 Prise Salz
5 EL saure Sahne

zum Verfeinern:
1 Eigelb · 80 g Hagelzucker

Die kalte Butter in kleine Flöckchen schneiden, mit Mehl, Vanillezucker, Salz und der sauren Sahne verrühren und kurz durchkneten. Den Teig in Folie wickeln und eine Stunde im Kühlschrank ruhen lassen.

Nun den Teig ca. 4 mm dick ausrollen und runde Plätzchen (Durchmesser: 3 cm) ausstechen. Diese mit dem Eigelb bestreichen und mit Hagelzucker bestreuen.

Auf ein mit Backpapier ausgelegtes Blech setzen und backen.

Backzeit: 12-15 Minuten
Backtemperatur: 220 °C

Anzahl: ca. 100 Stück

Walnussplätzchen

Teig:
250 g Butter · 250 g Zucker · 1 Päckchen Vanillezucker · 3 Eigelb
375 g Mehl

Belag:
3 Eiweiß · 200 g Puderzucker · ca. 250 g Walnusshälften

Butter, Zucker, Vanillezucker und Eigelb cremig rühren, das Mehl nach und nach zugeben und alles zu einem glatten Teig verarbeiten. Den Teig in Folie wickeln und eine Stunde im Kühlschrank ruhen lassen. Nun den Teig ca. 3 mm dick ausrollen und runde Plätzchen (ca. 3 cm Durchmesser) ausstechen.

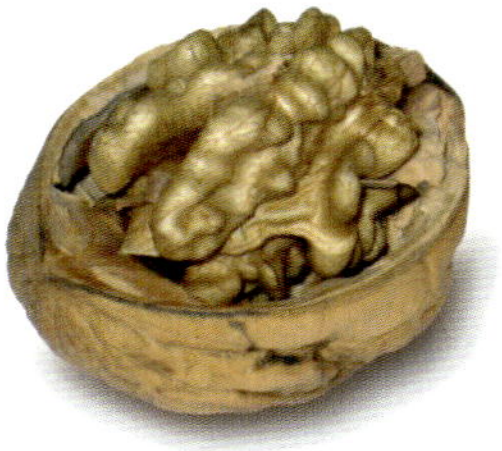

Das Eiweiß mit dem Puderzucker steif schlagen und in einen Spritzbeutel füllen. Auf jedes Plätzchen einen Tupfen Eischnee setzen. Die Walnusshälften halbieren, auf die Eischneetupfen jeweils ¼ Walnuss drücken und backen.

Backzeit: 12-15 Minuten
Backtemperatur: 200 °C

Anzahl: ca. 100 Stück

Mandelmürbchen

Teig:
250 g Butter · 125 g Puderzucker · 200 g Mehl · 50 g Speisestärke

zum Verfeinern:
100 g gehackte Mandeln · 1 Eigelb

Butter und Puderzucker cremig rühren, Mehl und Speisestärke zugeben und zu einem glatten Teig verarbeiten. Den Teig zu zwei Rollen (ca. 3 cm Durchmesser) formen, in Folie wickeln und eine Stunde sehr kalt stellen.

Dann mit dem verquirlten Eigelb bestreichen und in den Mandeln wälzen. Die Rollen in ca. 4 bis 5 mm dicke Scheiben schneiden, auf ein mit Backpapier ausgelegtes Blech legen und backen.

Diese Plätzchen eignen sich auch sehr gut zum Füllen mit Nougat.

Backzeit: ca. 12-15 Minuten
Backtemperatur: 200 °C

Anzahl: ca. 80 Stück

Mokkabohnen

Teig:
3 Eiweiß · 150 g Zucker · 300 g gehackte Mandeln
100 g geriebene Zartbitterschokolade · 2 TL lösliches Kaffeepulver
50 g Stärke

zum Verfeinern:
100 g weiße Kuvertüre · 60 Mokkabohnen

Den Backofen auf 160 °C vorheizen. Eiweiß steif schlagen, dabei den Zucker langsam einrieseln lassen. Mandeln, geriebene Schokolade, Kaffeepulver und Stärke unterrühren. Aus der Masse Häufchen auf ein mit Backpapier ausgelegtes Blech setzen und ca. 20 Min. backen.

Die weiße Kuvertüre schmelzen und die ausgekühlten Makronen damit verzieren, je eine Mokkabohne auf die Kuvertüre setzen.

Backzeit: 15-20 Minuten
Backtemperatur: 160 °C

Anzahl: ca. 60 Stück

Mokkaplätzchen

Teig:
4 Eiweiß · 200 g Puderzucker · 20 g Speisestärke
250 g gemahlene Mandeln · 2 EL Instant Kaffeepulver
75 g geriebene Kuvertüre

Füllung:
260 g weiche Butter · 80 g Puderzucker · 2 EL stark aufgebrühter Kaffee
30 g gemahlene Mandeln · 65 g dunkle Kuvertüre

Backofen auf 140 °C vorheizen. Eiweiß steif schlagen, 200 g Puderzucker und Stärke einrieseln lassen. Mandeln, Kaffeepulver und geriebene Kuvertüre unterheben.

Etwa 60 Häufchen auf Backpapier spritzen und im Ofen 25 Min. trocknen.

Butter cremig rühren, Puderzucker und Kaffee zufügen, nochmals cremig rühren und die geschmolzene Kuvertüre und die Mandeln unterrühren. Dann je zwei Plätzchen mit der Creme bestreichen und zusammensetzen. Mit restlicher Kaffeecreme verzieren (Foto Seite 27).

Backzeit: 25 Minuten
Backtemperatur: 140 °C

Anzahl: ca. 30 Stück

Mandelplätzchen mit Himbeergelee

Teig:
3 Eiweiß · 50 g Zucker · 100 g Puderzucker · 10 g gemahlene Mandeln
ca. 30 g gehackte Mandeln

Füllung:
100 g Himbeergelee

Eiweiß steif schlagen, Zucker einrieseln lassen. Puderzucker und gemahlene Mandeln mischen, unterheben. 3 Min. ruhen lassen.

Ofen auf 190 °C vorheizen. Masse in eine Spritztülle füllen, in Tupfen (ca. 2,5 cm Durchmesser) auf Backpapier spritzen und mit den gehackten Mandeln bestreuen. 7-10 Min. backen.

Gelee 1-2 Min. erwärmen, die Hälfte der Plätzchen damit bestreichen und die restlichen Plätzchen darauf setzen.

Backzeit: 7-10 Minuten
Backtemperatur: 190 °C

Anzahl: ca. 30 Stück

Rosinenröllchen

Teig:
250 g Butter · 1 Päckchen Vanillezucker · 1 Prise Salz · 1 Eigelb
250 g Mehl

Füllung:
ca. 100 g Rosinen · ca. 50 ml Rum

zum Verfeinern:
100 g Zartbitterschokolade · 1 EL Öl

Einen Tag zuvor die Rosinen in Rum einlegen. Butter, Vanillezucker, Salz und Ei cremig rühren, Mehl zugeben und alles zu einem glatten Teig verrühren.

Auf einer bemehlten Fläche dünn ausrollen und 4 cm lange Quadrate ausschneiden. Jeweils zwei Rosinen darauf legen und schön fest zusammenrollen. Auf ein mit Backpapier ausgelegtes Blech setzen und backen.

Zartbitterschokolade im Wasserbad schmelzen und das Öl gut unterrühren. Nun die ausgekühlten Röllchen zur Hälfte in die Schokolade tauchen und auf einem Kuchengitter trocknen lassen.

Backzeit: 10-12 Minuten
Backtemperatur: 200 °C

Anzahl: ca. 80 Stück

Weiße Vanillekipfel

Teig:
200 g Butter · 2 Päckchen Vanillezucker · 125 g Zucker · 3 Eigelb
250 g Mehl · 1 Msp Backpulver · 125 g gemahlene Mandeln

zum Verfeinern:
150 g weiße Schokolade · 1-2 EL Öl

Butter, Vanillezucker, Zucker und Eigelb cremig rühren. Mehl mit Backpulver und Mandeln mischen und unterrühren.

Teig nochmals mit den Händen durchkneten und kleine Hörnchen (ca. 3 cm groß) formen. Diese auf ein mit Backpapier ausgelegtes Blech setzen und backen.

Nun die weiße Schokolade im Wasserbad schmelzen und das Öl gut unterrühren. Die ausgekühlten Hörnchen auf eine Gabel legen und in die Schokolade tauchen. Gut abtropfen lassen und auf einem Kuchengitter trocknen lassen.

Backzeit: 10-13 Minuten
Backtemperatur: 200 °C

Anzahl: 80-90 Stück

Kirsch-Mohn-Plätzchen

Teig:
125 g weiche Butter · 60 g Puderzucker · 1 Ei · 1 Mandelaroma
150 g Mehl · ½ TL Backpulver · 150 g Mohn

zum Verfeinern:
150 g Kirschgelee

Backofen auf 200 °C vorheizen. Butter mit Puderzucker cremig schlagen. Ei und Aroma dazugeben. Mehl, Backpulver und Mohn unterrühren. Teig in einen Spritzbeutel mit Sterntülle füllen. Walnussgroße Häufchen auf Backpapier spritzen. Mit einem bemehlten Kochlöffelstiel kleine Vertiefungen in die Plätzchen drücken und 8-10 Min. backen. Kirschgelee in die Mulden der ausgekühlten Plätzchen spritzen.

Backzeit: 8-10 Minuten
Backtemperatur: 200 °C

Anzahl: ca. 80 Stück

Mandelbällchen

Teig:
120 g Mehl · 100 g gemahlene Mandeln · 100 g weiche Butter
2 EL Puderzucker

zum Verfeinern:
1 Päckchen Vanillezucker · 70 g Puderzucker

Backofen auf 180 °C vorheizen. Mehl, Mandeln, Butter und 2 EL Puderzucker verkneten.

Haselnussgroße Kugeln formen und ca. 12 Min. backen. Vanillezucker mit übrigem Puderzucker mischen, warme Plätzchen darin wälzen (Foto Seite 33, vorn).

Backzeit: 12 Minuten
Backtemperatur: 180 °C

Anzahl: ca. 35 Stück

Haselnussplätzchen

Teig:
100 g Butter · 150 g Zucker · 1 Päckchen Vanillezucker
3 Tropfen Bittermandelöl · 200 g gemahlene Haselnüsse · 250 g Mehl
1 gestrichener TL Backpulver · 4 EL Milch

Belag:
ca. 200 g halbe Haselnusskerne · ca. 50 ml Milch

Butter, Zucker, Vanillezucker und Bittermandelöl cremig rühren, die gemahlenen Haselnüsse unterrühren. Das Mehl mit dem Backpulver mischen und im Wechsel mit der Milch nach und nach verrühren, bis ein glatter Teig entstanden ist.

Den Teig ca. 4 mm dick ausrollen (Teig lässt sich schwer ausrollen) und runde Plätzchen (Durchmesser: ca. 3 cm) ausstechen. Die Plätzchen mit der Milch bestreichen und je eine Haselnusshälfte darauf drücken. Nun auf ein mit Backpapier ausgelegtes Blech setzen und backen.

Backzeit: ca. 12 Minuten
Backtemperatur: 200 °C

Anzahl: ca. 80-90 Stück

Mandelringe

Teig:
6 gekochte Eidotter · 70 g Zucker · 200 g Butter · 70 g Mandeln
150 g Mehl · 100 g Weizenin

zum Verfeinern:
150 g Puderzucker · 2 EL Zitronensaft · 2 TL heißes Wasser
einige Tropfen rote Lebensmittelfarbe · 100 g Mandelblättchen

Sechs Eier hart kochen. Die Eidotter auslösen und mit Zucker und Butter cremig rühren. Nach und nach Mandeln, Mehl und Weizenin zugeben.

Den Teig auf einer bemehlten Fläche ausrollen und Ringe (Durchmesser: ca. 4 cm) ausstechen, backen.

Puderzucker, Zitronensaft, Wasser und Lebensmittelfarbe gut verrühren, die ausgekühlten Plätzchen damit bestreichen und mit Mandelblättchen garnieren.

Backzeit: ca. 12 Minuten
Backtemperatur: 200 °C

Anzahl: ca. 80 Stück

Katzenzungen

Teig:
125 g weiche Butter · 125 g Puderzucker · 1 Eiweiß · 125 g Mehl
1 Prise Salz · 1 Päckchen Vanillezucker

zum Verfeinern:
125 g Zartbitterkuvertüre

Backofen auf 175 °C vorheizen. Butter, Puderzucker und Eiweiß cremig rühren. Mehl, Salz und Vanillezucker zufügen, alles glatt rühren.

Teig in 5 cm langen schmalen Streifen auf ein geöltes Blech spritzen und backen.

Abgekühlte Plätzchen mit geschmolzener Kuvertüre verzieren.

Backzeit: 8-10 Minuten
Backtemperatur: 175 °C

Anzahl: 45 Stück

Trüffelsterne

Teig:
250 g Mehl · 100 g Puderzucker · 2 Eigelb · 125 g Butter
100 g Marzipanrohmasse · 1 Päckchen Vanillezucker

Füllung:
150 g Bitterschokolade · 25 g Butter · 1 EL Puderzucker · 1 EL Rum
100 g Mascarpone

zum Verfeinern:
200 g dunkle Kuchenglasur · 200 g Zitronen-Kuchenglasur

Teigzutaten verkneten, zugedeckt 60 Min. kühlen.

Ofen auf 180 °C vorheizen. Teig ca. 3 mm dick ausrollen, ca. 40 Sterne (ca. 4-5 cm Durchmesser) ausstechen und diese ca. 10 Min. backen.

Schokolade hacken und schmelzen. Butter, Puderzucker, Rum und Mascarpone aufschlagen, geschmolzene Schokolade löffelweise zufügen.

Die Masse auf 20 Plätzchen spritzen, restliche Plätzchen mit Glasur überziehen. Je ein Muster mit der anderen Glasur darauf zeichnen, trocknen lassen und auf die gefüllten Plätzchen setzen.

Backzeit: 10 Minuten
Backtemperatur: 180 °C

Anzahl: 20 Stück

Johannisbeertaler

Teig:
250 g Mehl · 125 g Zucker · 1 Päckchen Vanillezucker · 125 g Butter
1 Ei · 1 Eigelb

Füllung:
150 g Johannisbeergelee

zum Verfeinern:
50 g Bitterschokolade

Teigzutaten verkneten, den Teig in Folie wickeln und 30 Min. kühlen. Ofen auf 200 °C vorheizen. Teig ca. 3 mm dick ausrollen. Je 50 Taler und Ringe ausstechen und diese ca. 10 Min. backen.

Gelee glatt rühren, ganze Plätzchen damit bestreichen und Ringe darauf setzen. Mit einem Teelöffel eine kleine Menge Gelee in die Mitte der Plätzchen füllen.

Die Ringe kann man mit einigen Tupfen Bitterschokolade verzieren.

Backzeit: 10 Minuten
Backtemperatur: 200 °C

Anzahl: ca. 50 Stück

Vanilleplätzchen

Teig:
200 g weiche Butter · 200 g Puderzucker · 1 Ei · 4 Eigelb
1 Päckchen Bourbon-Vanillearoma · 420 g Mehl · 1 Prise Salz
½ TL Backpulver · 1 Prise Zimt

zum Verfeinern:
100 g Bitterschokolade

Butter und Puderzucker schaumig schlagen. Das Ei verquirlen. Die Hälfte davon mit dem Eigelb verrühren. Portionsweise unter die Butter-Zucker-Masse rühren, Vanillearoma unterrühren. Mehl, Salz, Backpulver und Zimt unterkneten. Als Kugel ca. 60 Min. kühlen.

Ofen auf 190 °C vorheizen. Teig portionsweise zwischen Folie ca. 4 mm dick ausrollen. Plätzchen mit Wellenrand (4 cm Durchmesser) ausstechen.

Die Plätzchen mit dem übrigen verquirlten Ei bestreichen, mit einer Gabel Muster ziehen, ca. 10 Min. backen. Die Bitterschokolade im Wasserbad schmelzen und die ausgekühlten Plätzchen je zur Hälfte in Schokolade tauchen.

Backzeit: 10 Minuten
Backtemperatur: 190 °C

Anzahl: ca. 100 Stück

Gebackene Nougatpralinen

Teig:
175 g Mehl · 75 g Speisestärke · 175 g Butter · 2 Päckchen Vanillezucker
65 g Zucker · 1 Ei

Füllung:
ca. 200 g Nougat

zum Verfeinern:
1 Ei · gehackte Mandeln

Teigzutaten verkneten. In Folie gewickelt eine Stunde kalt stellen. Vom Teig Kugeln (ca. 2,5 cm Durchmesser) formen. In die Mitte der Kugeln eine kleine Menge Nougat einrollen.

Nun die fertigen Kugeln zuerst in dem verquirlten Ei und danach in gehackten Mandeln wälzen. Die Kugeln ca. 12-15 Min. backen (Foto Seite 33, oben).

Backzeit: 12-15 Minuten
Backtemperatur: 200 °C

Anzahl: ca. 50 Stück

Aprikosenmakronen

Teig:
4 Eiweiß · 200 g Zucker · 1 Päckchen Vanillezucker
100 g getrocknete Aprikosen · 200 g Kokosraspeln · 1 Msp Zimt
2 Tropfen Bittermandelöl · einige Tropfen gelbe Lebensmittelfarbe

Das Eiweiß steif schlagen. Zucker und Vanillezucker einrieseln lassen. Die getrockneten Aprikosen sehr klein hacken und mit den Kokosraspeln, Zimt, Lebensmittelfarbe und Bittermandelöl mischen. Sehr vorsichtig unter den Eischnee heben.

Mit zwei Teelöffeln kleine Teighäufchen auf ein mit Backpapier ausgelegtes Blech setzen und backen.

Backzeit: 10-15 Minuten
Backtemperatur: 200 °C

Anzahl: 70 Stück

Nougatplätzchen

Teig:
100 g Butter · 50 g Puderzucker · 50 g gemahlene Haselnüsse
200 g Mehl · ½ TL gemahlener Zimt · 1 Eigelb

Füllung:
250 g weiches Nussnougat

zum Verfeinern:
Puderzucker

Teigzutaten verkneten. In Folie gewickelt ca. 60 Min. kühlen.

Backofen auf 180 °C vorheizen. Aus dem Teig haselnussgroße Kugeln formen und auf ein geöltes Blech setzen.

Mit bemehltem Kochlöffelstiel Vertiefungen in die Plätzchen drücken und 12 bis 15 Min. backen.

Nougat in die ausgekühlten Plätzchen spritzen. Mit Puderzucker oder Schokoladenglasur garnieren (im Foto links).

Backzeit: 12-15 Minuten
Backtemperatur: 180 °C

Anzahl: ca. 45 Stück

Haselnusstaler

Teig:
1 Ei · 200 g Butter · 200 g Mehl · 200 g gemahlene Haselnüsse
100 g Puderzucker · 100 g gehackte Haselnüsse

zum Verfeinern:
50 g Zartbitterschokolade · 50 g weiße Schokolade

Ei trennen. Weiche Butter, Mehl, gemahlene Haselnüsse, Puderzucker und Eigelb verkneten. Als Rolle (3 cm Durchmesser) in Folie 30 Min. kühlen.

Ofen auf 200 °C vorheizen. Rolle mit verquirltem Eiweiß bestreichen, in gehackten Nüssen wenden und in ½ cm dicke Scheiben schneiden, ca. 10 Min. backen.

Schokolade schmelzen und z. B. mit Zickzack-Muster mit Zartbitter- und weißer Schokolade garnieren.

Backzeit: 10 Minuten
Backtemperatur: 200 °C

Anzahl: ca. 80 Stück

Nougatecken

Teig:
75 g Zucker · 1 Päckchen Vanillezucker · 250 g Butter
4 hartgekochte Eidotter · 300 g Mehl

zum Verfeinern:
150 g Nougat · 100 g weiße Schokolade · 2 EL Öl

Zucker, Vanillezucker, Butter und die Eidotter schön cremig rühren, das Mehl zugeben und zu einem glatten Teig verrühren. Den Teig ca. eine Stunde kalt stellen. Dann den Teig nicht zu dünn ausrollen und kleine Quadrate (ca. 2,5 cm Kantenlänge) ausstechen. Auf ein mit Backpapier ausgelegtes Blech setzen und backen.

Nougat und weiße Schokolade getrennt voneinander im Wasserbad schmelzen und jeweils einen Esslöffel Öl gut unterrühren.

Nun die ausgekühlten Ecken mit Nougat bestreichen und auf das noch weiche Nougat in die Mitte einen Klecks weiße Schokolade geben. Zum Beispiel mit einer Rouladennadel ein Muster in die Schokolade ziehen.

Backzeit: 10-12 Minuten
Backtemperatur: 200 °C

Anzahl: 90 Stück

Marzipankatzenzungen

Teig:
150 g Butter · 100 g Zucker · 100 g Marzipanrohmasse · 3 Eier
250 g Mehl · 50 g gemahlene Mandeln

Füllung:
Konfitüre, z. B. Aprikose

zum Verfeinern:
Halbbitterschokolade oder Kuvertüre

Butter, Zucker und Marzipan zwei Minuten lang schaumig schlagen. Eier unterrühren. Mehl und Mandeln unterheben.

Backofen auf 175 °C vorheizen. Den Teig in einen Spritzbeutel mit großer Zackentülle füllen. In Abständen ca. 4 cm lange Katzenzungen spritzen, backen. Nachdem die Katzenzungen abgekühlt sind, Konfitüre erwärmen, 50 Katzenzungen (bzw. die Hälfte der Menge) von unten damit bestreichen und mit den restlichen zusammensetzen.

Schokolade im Wasserbad erhitzen und die Katzenzungen zur Hälfte in die Schokolade tauchen.

Backzeit: 10-15 Minuten
Backtemperatur: 175 °C

Anzahl: ca. 100 Einzelplätzchen ergeben 50 zusammengesetzte Katzenzungen

Marzipanherzen

Teig:
150 g Butter · 100 g Zucker · 100 g Marzipanrohmasse · 3 Eier
250 g Mehl · 50 g gemahlene Mandeln

Füllung:
100 g Konfitüre, z. B. Aprikose

zum Verfeinern:
z. B. Puderzucker und Kakao oder 100 g Zartbitterschokolade

Butter, Zucker und Marzipanrohmasse 2 Min. schaumig schlagen, Eier unterrühren. Mehl und Mandeln unterheben.

Backofen auf 175 °C vorheizen. Ca. 80 Herzen (Durchmesser 4-5 cm) auf ein mit Backpapier ausgelegtes Blech spritzen und 15 Min. backen.

Konfitüre erwärmen, ca. 40 Plätzchen von unten damit bestreichen und mit den restlichen zusammensetzen. Zum Schluss mit Puderzucker und Kakao bestäuben oder eine Hälfte in Zartbitterschokolade tauchen (siehe Foto Seite 49).

Backzeit: 15 Minuten
Backtemperatur: 175 °C

Anzahl: ca. 80 Stück

Schwarz-Weiß-Pralinen

Teig:
125 g weiche Butter · 50 g Puderzucker · 1 Päckchen Vanillezucker
1 Msp Zimt · 1 Eigelb · 120 g Stärke · 100 g Mehl · 1 EL Milch

Füllung:
100 g Nussnougat · 30 g Haselnusskrokant

zum Verfeinern:
150 g weiße Kuvertüre · 50 g Nougat

Teigzutaten verkneten, 2 Rollen (ca. 20 cm lang) formen und in Folie 2 Stunden ruhen lassen. Im warmen Wasserbad 100 g Nougat cremig rühren, Krokant unterrühren, 2 Rollen (ca. 20 cm lang) daraus formen und in Folie 30 Min. kühlen.

Ofen auf 160 °C vorheizen. Teig- und Nougatrollen in 1 cm dicke Scheiben schneiden, aufeinander legen, zu Kugeln formen und 10-12 Min. backen.

Abgekühlte Kugeln mit Kuvertüre überziehen, trocknen lassen. Restliches Nougat erwärmen und spiralförmig darauf spritzen.

Backzeit: 10-12 Minuten
Backtemperatur: 160 °C

Anzahl: ca. 40 Stück

Fruchtige Cranberry-Schnecken

Teig:
200 g Butter · 80 g Puderzucker · 1 Prise Salz · 1 Prise Zimt
300 g Mehl · 1 Ei

Füllung:
150 g getrocknete Cranberries · 180 g Cranberry- oder Johannisbeerkonfitüre

zum Verfeinern:
2 Päckchen Vanillezucker · 100 g Zucker

Butter, Puderzucker und Salz schön cremig verrühren. Mehl, Zimt und Ei zugeben und zu einem glatten Teig verkneten. Den Teig in Frischhaltefolie zwei Stunden im Kühlschrank kalt stellen.

Die getrockneten Cranberries fein hacken und unter die Konfitüre rühren. Nun den Teig in drei Portionen teilen, jeweils ca. 5 mm dick ausrollen und auf den Teig die Cranberrymasse streichen. Fest zu jeweils einer Rolle aufrollen und zwei Stunden in den Kühlschrank stellen.

Danach die Rollen mit einem sehr scharfen Messer in ca. 5 mm dicke Scheiben schneiden, auf ein mit Backpapier ausgelegtes Blech legen und backen. Vanillezucker mit Zucker vermischen und auf die Schnecken streuen.

Backzeit: 10 Minuten
Backtemperatur: 180 °C

Anzahl: ca. 80 Stück

Orangenkringel

Teig:
130 g Butter · 120 g Zucker · 2 Eier · 50 g gemahlene Mandeln
200 g Mehl · 2 TL abgeriebene Orangenschale einer unbehandelten Orange
2 EL Orangensaft

zum Verfeinern:
5 gehäufte EL Puderzucker · 2 EL Orangensaft

Weiche Butter und Zucker schaumig schlagen. Zwei Eier einzeln unterrühren, Mandeln, Mehl, Orangensaft und Orangenschale nach und nach zugeben.

Die Masse in einen Spritzbeutel mit kleiner Lochtülle (ca. 0,5 cm Durchmesser) füllen. Kringel (ca. 4 cm groß) auf ein mit Backpapier ausgelegtes Blech spritzen und 30 Min. im Kühlschrank kalt stellen. Kringel backen und auf einem Gitter abkühlen lassen.

Für die Glasur Puderzucker und Orangensaft gut verrühren. Die Kringel jeweils zur Hälfte in die Glasur tauchen und trocknen lassen.

Backzeit: ca. 10 Minuten
Backtemperatur: 170 °C

Anzahl: ca. 80 Stück

Hausfreunde

Teig:
175 g Mehl · 75 g Speisestärke · 175 g Butter · 2 Päckchen Vanillezucker
65 g Zucker · 1 Ei

Füllung:
200 g Marzipanrohmasse · 150 g Puderzucker · 4 EL Aprikosenkonfitüre

zum Verfeinern:
Zartbitterkuvertüre · Walnusshälften

Teigzutaten verkneten. In Folie gewickelt eine Stunde kalt stellen. Teig ca. 3 mm dick ausrollen und runde Plätzchen (3-4 cm Durchmesser) ausstechen und backen.

Für die Füllung Marzipan zerkleinern und mit Puderzucker und Konfitüre verrühren. Je ein Plätzchen mit der Füllung bestreichen und ein zweites aufsetzen.

Nun das fertige Plätzchen in die vorher im Wasserbad zerlassene Zartbitterkuvertüre tauchen und mit einer Walnusshälfte garnieren.

Backzeit: 12-15 Minuten
Backtemperatur: 180 °C

Anzahl: ca. 30 Stück

Himbeerherzen

Teig:
250 g Mehl · 125 g Zucker · 125 g weiche Butter · 1 Ei

zum Verfeinern:
200 g Puderzucker · 2 EL Zitronensaft · 2 EL Himbeergelee

Teigzutaten verkneten. 30 Min. kühlen. Ofen auf 200 °C vorheizen. Teig auf einer bemehlten Fläche ca. 4 mm dick ausrollen, Herzen ausstechen (ca. 4-5 cm Durchmesser) und ca. 10 Min. backen.

Puderzucker, Zitronensaft und Gelee verrühren und die ausgekühlten Plätzchen damit bestreichen. Je eine Messerspitze Gelee mittig auf die Plätzchen setzen und mit der Messerspitze ein Muster ziehen.

Backzeit: 10 Min.
Backtemperatur: 200 °C

Anzahl: ca. 100 Stück

Schokoladen-Haferflocken-Plätzchen

Teig:
50 g Zartbitterschokolade · 50 g zarte Haferflocken · 60 g Puderzucker
2 Eiweiß · 1 Prise Salz · 100 g gemahlene Mandeln · 1 TL Kakaopulver
1 Prise Zimtpulver

zum Verfeinern:
ca. 40 geschälte Mandeln · ca. 1 EL Zucker

Schokolade fein reiben. Haferflocken mit 1 EL Puderzucker vermischen. In einer Pfanne leicht anrösten und abkühlen lassen.

Eiweiß mit Salz steifschlagen, bis die Masse fest und glänzend ist. Schokoladen-Haferflocken-Mischung, Mandeln, Kakaopulver und Zimt mischen und unter die Eiweißmasse heben. Backblech mit Backpapier belegen.

Aus dem Teig mit feuchten Händen kleine Kugeln formen, auf das Backblech legen und jeweils eine Mandel darauf drücken. Mit Zucker bestreuen und im Ofen backen.

Backzeit: 20 Min.
Backtemperatur: 140 °C

Anzahl: ca. 40 Stück

Knusperkekse mit Mandeln

Teig:
330 g Mehl · 100 g Zucker · 1 Päckchen Vanillezucker · 1 TL Backpulver
180 g Butter · 2-3 EL Sauerrahm (20 % Fett)

zum Verfeinern:
flüssige Sahne zum Bestreichen · 150 g Mandelblättchen
oder gehackte Mandeln

Backofen auf 180 °C vorheizen. Mehl, Zucker, Vanillezucker, Backpulver und klein geschnittene Butter in eine Schüssel geben. Den Sauerrahm hinzufügen und mit den Händen kräftig verkneten. Wenn nötig noch etwas kaltes Wasser zugeben.

Den Teig auf einer bemehlten Arbeitsfläche ½ cm dick ausrollen. Verschiedene Motive ausstechen und auf das Backblech legen. Die Plätzchen mit Sahne bestreichen, mit Mandelblättchen oder gehackten Mandeln verzieren und backen.

Backzeit: 15 Min.
Backtemperatur: 180 °C

Anzahl: 80-100 Stück

Knusprige Mandelherzen

Teig:
130 g weiche Butter · 180 g Mehl · 1 EL Zucker · 1 Ei · 1 Prise Salz

zum Verfeinern:
1 Becher Sahne · 100 g Zucker · 1 EL Vanillezucker · 200 g Mandelblättchen

Die Butter in kleine Stücke schneiden. Mehl, Zucker, Butter, Ei und Salz zu einem Teig kneten. Den Teig mindestens zwei Stunden ruhen lassen.

Die Sahne mit dem Zucker in eine Pfanne geben und so lange kochen lassen, bis ein dicker Sirup entsteht.

Dann die Mandelblättchen dazugeben und kräftig umrühren. Den Mürbeteig etwa ½ cm dick ausrollen, Herzen ausstechen. Die Zucker-Mandel-Masse gleichmäßig auf den Herzen verteilen und backen.

Backzeit: 10-15 Min.
Backtemperatur: 200 °C

Anzahl: 80-100 Stück

Schweineöhrchen

Teig:
3 Platten Tiefkühl-Blätterteig (ca. 225 g) · 3 EL brauner Zucker
½ TL Zimtpulver · 1 Päckchen Vanillezucker · 1 Eigelb

zum Verfeinern:
100 g Zartbitterkuvertüre

Teigplatten auftauen lassen. Zucker, Zimt und Vanillezucker mischen, 2/3 auf die Arbeitsfläche streuen. Die Platten an den Längsseiten übereinander legen, andrücken und auf 25-35 cm ausrollen. Mit Eigelb bestreichen und mit übrigem Zuckergemisch bestreuen.

Von beiden Seiten längs zur Mitte aufrollen, in Folie wickeln und 30 Min. anfrieren lassen.

Ofen auf 200 °C vorheizen, Rolle in 0,5 cm dicke Scheiben teilen, auf der 2. Einschubleiste von unten backen.

Zartbitterkuvertüre im Wasserbad schmelzen und die Schweineöhrchen nach Belieben damit garnieren.

Backzeit: 12-15 Min.
Backtemperatur: ca. 200 °C

Anzahl: 30 Stück

Pistazienmonde

Teig:
150 g weiche Butter · 75 g Zucker · 1 Ei · 1 Prise Salz
abgeriebene Schale einer unbehandelten Zitrone · 225 g Mehl
2 TL Backpulver · 1 Eigelb · 1 EL Milch · 50 g gehackte Pistazien

Butter schaumig schlagen. Zucker, Ei, Salz und Zitronenschale unterrühren. Mehl und Backpulver unterkneten. 60 Min. kühlen.

Backofen auf 190 °C vorheizen. Teig auf bemehlter Fläche 3 mm dick ausrollen, Monde ausstechen. Auf ein geöltes Blech legen. Eigelb und Milch verquirlen und die Monde damit bepinseln. Mit Pistazien bestreuen und ca. 10 Min. backen.

Backzeit: 10 Min.
Backtemperatur: 190 °C

Anzahl: 50 Stück

Walnuss-Nougat-Plätzchen

Teig:
125 g weiche Butter · 100 g Puderzucker · 1 TL Vanillezucker
1 Prise Salz · 1 Ei · 250 g Mehl · 30 g Kakao · 1 TL Backpulver

Füllung:
140 g Nougat · 1 Eiweiß · 50 g Zartbitterschokolade
50 g gehackte Mandelkerne

zum Verfeinern:
ca. 50 Walnusshälften · 150 g Zartbitterschokolade

Butter, Puderzucker, Vanillezucker und Salz glatt rühren. Das Ei unterarbeiten, Mehl, Kakao und Backpulver darauf sieben und unterkneten. Teig in Folie eine Stunde kalt stellen. Nougat grob raspeln und mit dem Eiweiß zu einer geschmeidigen Masse verrühren. Zartbitterschokolade raspeln und unter die gehackten Mandelkerne mischen.

Teig aus dem Kühlschrank nehmen und auf einer bemehlten Arbeitsfläche 2 mm dünn ausrollen. Quadrate (ca. 4,5 cm) ausschneiden und auf die Mitte jeweils einen halben Teelöffel der Nougatfüllung geben. Die Ecken zur Mitte falten, je eine Walnusshälfte auf die Mitte der Plätzchen drücken und ca. 10 Min. backen. Die Plätzchen nach dem Abkühlen auf eine Gabel legen und mit der Unterseite in die geschmolzene Zartbitterschokolade tauchen.

Backzeit: ca. 10 Min.
Backtemperatur: 190 °C

Anzahl: 50 Stück

Schokoküsse

Teig:
120 g Zucker · 3 EL Kakaopulver · 2 Eiweiß · 1 Prise Salz

Füllung:
60 g weiße Schokolade · 3 EL Sahne

zum Verfeinern:
Kakaopulver oder Puderzucker

Ofen auf 100 °C vorheizen. 60 g Zucker und 2 EL Kakao mischen. Eiweiß und Salz steif schlagen. Übrigen Zucker und Zucker-Kakao-Mischung unterheben.

Ca. 25 Tupfen und 25 flache Plätzchen auf ein geöltes Blech spritzen und drei Stunden im Ofen trocknen lassen.

Schokolade hacken, in heißer Sahne schmelzen und 60 Min. kühlen. Aufschlagen, auf die abgekühlten flachen Plätzchen spritzen, Tupfen aufsetzen und mit Kakao oder Staubzucker bestäuben.

Backzeit: 3 Stunden
Backtemperatur: 100 °C

Anzahl: ca. 25 Stück

Müsliplätzchen

Teig:
100 g getrocknete Aprikosen · 100 g getrocknete Pflaumen
100 g Rosinen · 250 g Butter · 100 g Zucker · 3 Eier · 120 g Mandelblättchen
320 g kernige Haferflocken · ½ TL Zimt · 1 TL Backpulver

zum Verfeinern:
Zartbitterkuvertüre

Aprikosen, Pflaumen und Rosinen klein hacken. Backofen auf 150 °C vorheizen.

Butter und Zucker schaumig schlagen. Eier nach und nach dazugeben. Anschließend Mandelblättchen, Haferflocken, Zimt und Backpulver untermischen. Mit zwei Teelöffeln kleine Teighäufchen formen, auf ein mit Backpapier ausgelegtes Blech setzen und backen.

Backzeit: 20 Min.
Backtemperatur: 150 °C

Anzahl: 80-100 Stück

Aprikosen-Mandel-Plätzchen

Teig:
180 g Mehl · 80 g Speisestärke · 100 g Butter · 80 g Margarine
50 g gemahlene Mandeln · 1 Päckchen Vanillezucker · 60 g Zucker · 1 Ei

Füllung:
ca. 100 g Aprikosengelee

zum Verfeinern:
150 g Zartbitterschokolade · 100 g gehackte Mandeln

Teigzutaten verkneten. In Folie wickeln und eine Stunde kalt stellen. Dann den Teig ca. 3 mm dick ausrollen und Sterne, Herzen oder runde Plätzchen (ca. 4 cm Durchmesser) ausstechen. Nun dieselbe Menge Plätzchen mit einem Loch in der Mitte ausstechen und backen. Gebäck abkühlen lassen und die Plätzchen ohne Loch mit dem im Wasserbad erwärmten Gelee bestreichen. Jeweils ein Plätzchen mit Loch darauf setzen und das Loch mit Gelee auffüllen.

Die gefüllten Plätzchen auf eine Gabel setzen und die untere Hälfte in die geschmolzene Zartbitterschokolade tauchen. Zum Schluss die gehackten Mandeln auf die Schokolade streuen, solange sie noch nicht fest ist.

Backzeit: 10-15 Minuten
Backtemperatur: 180 °C

Anzahl: 30-40 Stück

Säuerliche Geleeherzen

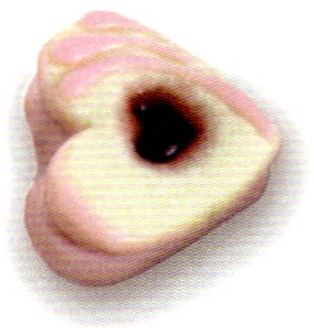

Teig:
180 g Mehl · 80 g Speisestärke · 180 g Butter · 2 Päckchen Vanillezucker
60 g Zucker · 1 Ei

Füllung:
ca. 100 g Johannisbeergelee

zum Verfeinern:
Zitronenguss aus 2-3 TL Zitronensaft, 2 TL heißem Wasser, 120 g Puderzucker und 2-3 Tropfen roter Lebensmittelfarbe

Teigzutaten verkneten. Teig in Folie gewickelt eine Stunde kalt stellen, anschließend Teig ca. 3 mm dick ausrollen und 20-25 Herzen (ca. 4 cm Durchmesser) ausstechen. Nun dieselbe Menge Herzen mit einem Loch in der Mitte ausstechen und alle Herzen backen.

Die abgekühlten Plätzchen mit dem im Wasserbad erwärmten Gelee bestreichen, je ein Herz mit Loch aufsetzen und das Loch mit Gelee ausfüllen. Die gefüllten Herzen auf eine Gabel legen und die untere Hälfte in den rosa Zitronenguss tauchen.

Backzeit: 12-15 Min.
Backtemperatur: 180 °C

Anzahl: 40-50 Stück

Rum-Schoko-Makronen

Teig:
3 Eiweiß · 250 g Zucker · 1 EL Rum · 250 g geschälte, geriebene Mandeln
1 Tafel Zartbitterschokolade

zum Verfeinern:
100 g weiße Schokolade

Das Eiweiß zu Eischnee schlagen, nach und nach den Zucker und den Rum dazugeben. Die Mandeln unterrühren und die Schokolade hineinreiben. Mit einem Teelöffel kleine Häufchen auf ein mit Backpapier ausgelegtes Blech setzen und diese 20 Min. backen.

Weiße Schokolade schmelzen und die Makronen damit beliebig verzieren.

Backzeit: 20 Min.
Backtemperatur: 180 °C

Anzahl: 50-70 Stück

Kuchen-Kreationen

Schneller Kirschkuchen

Teig:
1 Glas Sauerkirschen · 4 Eier · 50 g Zucker · 1 Päckchen Vanillezucker
180 g Mehl · 200 g Kirschjoghurt

zum Verfeinern:
100 g Sauerkirschgelee · 3 EL Wasser

Kirschen abtropfen lassen. Die Eier trennen, Eigelb, Zucker und Vanillezucker schön cremig rühren. Immer abwechselnd einen Löffel Mehl und einen Löffel Joghurt zugeben, verrühren. Zum Schluss das Eiweiß steif schlagen und unterheben. Den Teig in eine Springform (26 cm Durchmesser) gießen, glatt streichen, die Kirschen darauf verteilen und goldgelb backen.

Wenn der Kuchen abgekühlt ist, das Sauerkirschgelee mit 3 EL Wasser erwärmen, zu einer glatten Masse verrühren und den Kuchen damit bestreichen.

Backzeit: 30 Min.
Backtemperatur: 180 °C

Knuspriger Zwetschgenkuchen

Teig:
1,5 kg frische Zwetschgen · 250 g Butter · 2 Päckchen Vanillezucker
200 g Zucker · 1 Prise Salz · 3 Eier · 400 g Mehl · 1 EL Backpulver
230 ml Schlagsahne

zum Verfeinern:
200 g Mandelblättchen · 1 Prise Zimt · 2 Päckchen Vanillezucker

Zwetschgen putzen, halbieren und entsteinen. Butter, Vanillezucker, Zucker und Salz schön cremig rühren. Eier nacheinander unterrühren. Mehl, Backpulver und Sahne abwechselnd einrühren.

Nun den Teig auf ein gefettetes Backblech streichen und mit den Zwetschgen belegen. Die Mandelblättchen mit Zimt und Vanillezucker mischen, über die Zwetschgen streuen und backen.

Backzeit: 30 Min.
Backtemperatur: 180 °C

Thüringer Zwetschgenkuchen

Teig:
200 g Butter · 150 g Zucker · 1 Päckchen Vanillezucker · 3 Eier
75 g Speisestärke · 300 g Mehl · 3 TL Backpulver

Belag:
1,5 kg frische Zwetschgen · 2 Eier · 2 EL Wasser · 100 g Zucker
1 Päckchen Vanillezucker · 40 g Mehl · 40 g Speisestärke · ½ TL Backpulver

Die weiche Butter mit den anderen Teigzutaten verrühren, sodass ein glatter Teig entsteht. Diesen auf ein gefettetes Backblech streichen. Die Zwetschgen waschen, halbieren, entsteinen und auf den Teig legen. Den Kuchen 20 Min. backen.

Inzwischen die Eier trennen. Das Eiweiß mit Wasser steif schlagen, Zucker und Vanillezucker einrieseln lassen und das Eigelb unterheben.

Mehl, Speisestärke und Backpulver mischen und unter den Eischnee heben. Diese Masse auf den vorgebackenen Kuchen geben und noch 15 Min. backen, bis der Guss schön goldgelb ist.

Backzeit: insgesamt 35 Min.
Backtemperatur: 200 °C

Aprikosenkuchen mit Mohnfülle

Teig:
400 g Mehl · 25 g Hefe · 100 ml Milch · 80 g Zucker · 150 g Butter
5 Eigelb

Füllung:
400 g gemahlener Mohn · 150 g Zucker · ½ l Milch · 1 Msp Zimt

Belag:
ca. 800 g Aprikosen · ca. 150 g Aprikosenmarmelade · 4 EL Wasser

Mehl in eine Schüssel sieben, die Hefe in die Mitte bröckeln. Nun etwas lauwarme Milch und eine Prise Zucker hinzufügen, noch etwas Zucker und Butterflöckchen auf den Mehlrand geben und die Schüssel mit einem Tuch abgedeckt ca. 30 Min. an einen warmen Ort stellen.

Inzwischen für die Füllung Mohn mit Zucker, Zimt und Milch aufkochen und abkühlen lassen. Die restliche Milch, Zucker und Eigelb mit dem Hefestück gut durchkneten und weitere 60 Min. an einem warmen Ort gehen lassen.

Dann den Teig halbieren, ausrollen. Eine Hälfte auf ein gefettetes Blech legen, darauf den Mohn streichen und die zweite Hälfte auflegen, am Rand festdrücken. Obenauf kommen die halbierten Aprikosen. Noch ca. 15 Min. warm stellen, dann backen. Die Aprikosenmarmelade mit 4 Esslöffeln Wasser erwärmen, zu einer glatten Masse verrühren und die abgekühlten Aprikosen damit bestreichen. So bekommen die Früchte Glanz.

Backzeit: 30 Min.
Backtemperatur: 220 °C

Gerollte Rhabarber-Küchlein

Teig:
150 g Magerquark · 300 g Mehl · ½ Päckchen Backpulver · 50 g Zucker
1 Päckchen Vanillezucker · 6 EL Öl · 50 ml Schlagsahne

Füllung:
250 g Magerquark · 50 g Zucker · 1 Päckchen Vanillesoßenpulver
500 g frischer Rhabarber

zum Verfeinern:
2 Eigelb · etwas Puderzucker

Rhabarber putzen und in 1 cm dicke Stücke schneiden. Mehl, Backpulver, Zucker und Vanillezucker mischen. Quark, Öl und Schlagsahne dazugeben. Alles mit den Knethaken zu einem glatten Teig verarbeiten. Nochmals mit den Händen gut durchkneten. Teig auf einer bemehlten Fläche zu einem Rechteck (ca. 1 cm dick) ausrollen. Quark, Zucker und Vanillesoßenpulver verrühren und auf den Teig streichen.

Rhabarberstücke auf die Quarkschicht streuen. Nun den Teig fest aufrollen. Mit einem sehr scharfen Messer die Rolle in ca. 2 cm dicke Scheiben schneiden und auf ein mit Backpapier ausgelegtes Blech legen. Das Eigelb verquirlen, mit einem Pinsel auf die Küchlein streichen und backen. Auf die ausgekühlten Küchlein Puderzucker streuen.

Backzeit: 30 Min.
Backtemperatur: 180 °C

Saftiger Mandarinenkuchen

Teig:
400 g Mehl · 1 Päckchen Backpulver · 80 g Zucker · 1 Prise Salz
100 ml Sahne · 80 ml Öl · 250 g Magerquark

Belag:
430 g Mandarinen aus der Dose · 250 g Magerquark · 150 g weiche Butter
80 g Zucker · 1 Päckchen Vanillezucker · 6 Eier · 2 EL Speisestärke
1 Prise Salz · 150 g Mandelblättchen

Mehl und Backpulver mischen. Zucker, Salz, Sahne, Öl und Quark zugeben und zu einem Teig verkneten. Den Teig ausrollen und auf ein gefettetes Blech legen.

Nun die gut abgetropften Mandarinen auf dem Teig verteilen. Quark, Butter, Zucker und Vanillezucker mindestens 5 Min. cremig rühren.

Die Eier trennen. Eigelb nacheinander zur Belagmasse geben und unterrühren. Speisestärke ebenfalls zugeben und gut verrühren.

Nun Eiweiß mit Salz steif schlagen und unter die Quarkmasse ziehen. Die Masse über die Mandarinen geben, glatt streichen und mit den Mandelblättchen bestreuen. Sollte der Kuchen beim Backen zu dunkel werden, mit Backpapier abdecken.

Backzeit: 30-40 Min.
Backtemperatur: 170 °C

Paradiescremekuchen

Teig:
5 Eier · 180 g Zucker · 2 Päckchen Vanillezucker · 3 EL Öl · 170 g Mehl
2 TL Backpulver · 2 Päckchen Vanillesoßenpulver

Belag:
400 ml Schmand · 4 EL Zucker · 400 ml Schlagsahne · 2 Päckchen Sahnesteif
2 Päckchen Paradiescreme Vanille · 400 ml Milch · 350 g Mandarinen (Dose)

Eier, Zucker und Vanillezucker 5 Min. schaumig schlagen. Tropfenweise Öl zugeben, Mehl, Backpulver und Vanillesoßenpulver unterheben.

Ofen auf 200 °C vorheizen. Teig auf ein mit Backpapier ausgelegtes Blech streichen und backen.

Den Schmand mit 4 EL Zucker verrühren und unter die mit Sahnesteif geschlagene Sahne heben. Zwei Päckchen Paradiescreme mit 400 ml Milch aufschlagen, Sahnemasse unterheben.

Die Hälfte der Masse auf den ausgekühlten Boden streichen. Abgetropfte Mandarinen darauf legen und mit der restlichen Paradiescreme abdecken, glatt streichen und nach Belieben mit einigen Mandarinen oder Schokolade dekorieren.

Backzeit: 10-15 Min.
Backtemperatur: 200 °C

Saftiger Aprikosen-Streusel-Kuchen

Teig:
300 g Mehl · 150 g Zucker · 150 g gemahlene Mandeln
2 Päckchen Vanillezucker · 1 Prise Salz · 220 g Butter · 1 Ei · 1 EL Öl

Belag:
ca. 600 g Aprikosen aus der Dose · 4 Eier · 150 g Zucker
1 Päckchen Vanillezucker · 300 g Mascarpone · 500 g Quark (20 % Fett)
3 EL Aprikosenlikör · 2 Päckchen Vanillesoßenpulver zum Kochen

zum Verfeinern:
etwas Puderzucker

Mehl, Zucker, gemahlene Mandeln, Vanillezucker und eine Prise Salz mischen. Butterflöckchen und Ei zugeben und alles mit dem Knethaken verkneten. Mit den Händen schnell zu Streuseln verarbeiten. Zwei Drittel der Streusel in eine Springform (Durchmesser: 26 cm) geben und gut andrücken. Eine halbe Stunde kalt stellen. Für den Belag Aprikosen gut abtropfen lassen. Eier, Zucker und Vanillezucker cremig schlagen. Quark, Mascarpone, Aprikosenlikör und Vanillesoßenpulver einrühren. Die Masse auf den Boden geben und glatt streichen. Nun die halbierten Aprikosen auf die Masse legen und darauf die übrigen Streusel verteilen. Im vorgeheizten Ofen backen. Nach dem Backen den Kuchen noch etwa 20 Min. bei geöffneter Ofentür ruhen lassen. Nach Belieben mit Puderzucker bestäuben.

Backzeit: 1 Stunde
Backtemperatur: 170 °C

Napfkuchen einmal fruchtig

Teig:
300 g Butter · 250 g Zucker · 2 Päckchen Vanillezucker · 1 Prise Salz
6 Eier · 400 g Mehl · 1 Päckchen Backpulver · 50 ml Sahne
1 Dose Ananasstücke (ca. 400 g)

zum Verfeinern:
200 g Zartbitterschokolade

Weiche Butter, Zucker, Vanillezucker und Salz cremig rühren. Eier einzeln unterrühren. Mehl, Backpulver und Sahne abwechselnd einrühren. Zuletzt die Ananasstücke unterheben. Teig in eine Napfkuchenform (ca. 3 Liter) geben. Im vorgeheizten Ofen backen.

Kuchen auf ein Gitter stürzen und auskühlen lassen. Die Zartbitterschokolade im Wasserbad schmelzen und Kuchen damit überziehen.

Backzeit: 1 Stunde
Backtemperatur: 170 °C

Nougat-Ananas-Kuchen

Teig:
ca. 500 g Ananas (Konserve) · 150 g Butter · 150 g Zucker
1 Päckchen Vanillezucker · 4 Eier · 200 g Mehl · 3 TL Backpulver
5 EL Nuss-Nougat-Creme · 3 EL Kakaopulver

Füllung:
600 g Schlagsahne · 3 Päckchen Sahnefestiger · 600 g Speisequark
(20 % Fett) · 50 g Zucker · 1 Päckchen Vanillezucker

zum Verfeinern:
100 g Nougat

Ananas abtropfen lassen, Saft auffangen. Butter, Zucker und Vanillezucker schaumig rühren. Eier einzeln unterrühren, Mehl und Backpulver mischen und ebenfalls unterrühren. Nuss-Nougat-Creme und Kakaopulver dazugeben, alles nochmals verrühren und auf ein Kuchenblech streichen. Die kleingeschnittene Ananas auf dem Teig verteilen und ca. 30 bis 40 Min. backen. Auskühlen lassen. 600 g Sahne mit Sahnefestiger steif schlagen. Quark, Zucker und Vanillezucker verrühren, Sahne unterheben. Die Quarkmasse auf den ausgekühlten Kuchen streichen und ca. 5 Stunden kühl stellen.

Nougat im Wasserbad erhitzen.
In einen kleinen Plastikbeutel mit der Schere ein kleines Loch schneiden.
Nun das leicht flüssige Nougat in den Beutel füllen und auf die Quarkmasse ein Muster spritzen.

Backzeit: 30-40 Min.
Backtemperatur: 175 °C

Ananas-Kokos-Kuchen

Teig:
150 g Zucker · 400 g Butter · 1 Prise Salz · 600 g Mehl
1 EL Backpulver · 1 Ei · 1 Dose Ananas in Stücken · 150 g Kokosflocken

zum Verfeinern:
200 g Kokosflocken

Zucker, Butter, Salz, Mehl, Backpulver, Ei und Kokosflocken mit den Knethaken des Handrührgerätes zu einem glatten Teig verkneten. Zwei Drittel des Teiges mit bemehlten Händen auf ein gefettetes Blech geben und gleichmäßig andrücken.

Das Blech und den übrigen Teig eine Stunde kalt stellen. Nun den Teig auf dem Blech mit einer Gabel einstechen und mit Ananasstücken gleichmäßig belegen. Den restlichen Teig darüberstreuseln. Im vorgeheizten Ofen backen.

Die Kokosflocken in einer Pfanne schön goldgelb anrösten und auf den noch warmen Kuchen streuen.

Backzeit: 30-40 Min.
Backtemperatur: 170 °C

Schokohappen

Teig:
300 g Edelbitter-Schokolade · 300 g Vollmilch-Schokolade · 300 g Butter 125 g Walnusskerne · 325 g Mehl · 1 TL Natron · 6 Eier · 450 g Zucker

zum Verfeinern:
Kuchenglasur feinherb · 100 g weiße Schokolade

Schokolade in Stücke hacken und mit der Butter schmelzen, etwas abkühlen lassen. Backofen auf 180 °C vorheizen.

Walnüsse grob hacken. Mehl und Natron mischen. Eier und Zucker ca. 3 Min. schaumig schlagen. Schoko-Butter-Masse unterrühren. Mehlmischung und Nüsse unterrühren. Teig auf ein mit Backpapier ausgelegtes Blech geben und glatt streichen. Etwa 30 Min. backen, herausnehmen und auskühlen lassen.

Glasur schmelzen und auf die Kuchenplatte gießen. Glatt streichen und in ca. 3 x 3 cm große Quadrate schneiden. Nach Belieben mit der geschmolzenen weißen Schokolade garnieren.

Backzeit: 30 Min.
Backtemperatur: 180 °C

Anzahl: ca. 100 Stück

Schoko-Sahnerolle mit Apfelmus und Zimt

Teig:
5 Eier · 120 g Puderzucker · 3 EL Kakao

Füllung:
500 ml Schlagsahne · 2 Päckchen Sahnesteif · 2 Päckchen Vanillezucker
300 ml dickes Apfelmus · Zimt

Die Eier trennen. Eigelb und Puderzucker schaumig schlagen, Kakao unterrühren. Eiweiß schaumig schlagen und unter die Eigelbmasse heben. Den Teig etwa 1 cm dick auf ein mit Backpapier ausgelegtes Blech streichen und backen.

Nach dem Backen sofort auf ein mit einem Tuch belegtes Blech stürzen, das Backpapier abziehen und den Schokoladenboden im Tuch einrollen. Auskühlen lassen.

Die Schlagsahne mit Sahnesteif, Vanillezucker und ½ TL Zimt steif schlagen. Den Boden aus dem Tuch ausrollen, zuerst die Hälfte der Sahne, danach das Apfelmus darauf streichen. Nun den Boden zu einer Rolle aufrollen und mit der restlichen Hälfte der Sahne und etwas Zimt verzieren.

Backzeit: 10-15 Min.
Backtemperatur: 200 °C

Schokoküsse mit Erdbeersahne

Teig:
4 Eier · 1 Prise Salz · 75 g Zucker · 100 g Mehl · 25 g Speisestärke
1 TL Backpulver

Füllung:
300 ml Schlagsahne · 1 Päckchen Vanillezucker · 1 Päckchen Sahnesteif
200 g frische Erdbeeren

zum Verfeinern:
200 g Zartbitterkuvertüre

Die Eier trennen. Eiweiß mit einer Prise Salz steif schlagen, ca. 40 g Zucker zufügen und weiter schlagen. Das Eiweiß muss ganz fest sein. Eigelb mit dem restlichen Zucker cremig rühren. Das steife Eiweiß zugeben. Nun Mehl, Speisestärke und Backpulver vorsichtig unterheben. Den Teig in einen Spritzbeutel mit großer Lochtülle geben und Häufchen auf ein gefettetes und mit Mehl bestäubtes Blech spritzen. Ca. 10 Min. backen, die eine Hälfte der Schokoküsse mit Zartbitterkuvertüre überziehen.

Die frischen Erdbeeren in sehr kleine Stücke schneiden. Sahne mit Vanillezucker und Sahnesteif schlagen. Erdbeerstücke unter die Sahne heben und auf die andere Hälfte der Schokoküsse geben, die Schokohälften aufsetzen.

Backzeit: 10 Min.
Backtemperatur: 230 °C

Anzahl: 25 Stück

Thüringer Brombeer-Knödel

Teig:
400 g Mehl · 25 g frische Hefe · 160 ml lauwarme Milch · 60 g Zucker
50 g Butter · 2 Eier · 1 Prise Salz

Füllung:
130 g Brombeeren · 4 EL Brombeermarmelade

zum Verfeinern:
50 g Butter · 50 g Puderzucker

Mehl in eine Schüssel sieben, eine Mulde eindrücken und die Hefe hineinbröckeln. Milch, Zucker, 50 g weiche Butter, Eier und eine Prise Salz zugeben. Alles ca. 5 Min. mit dem Knethaken zu einem Teig verkneten. Im auf ca. 40 °C vorgeheizten Ofen ca. 30 Min. gehen lassen. Brombeeren und Marmelade mischen. Teig mit bemehlten Händen gut durchkneten und zu einer 25 cm langen Rolle formen, diese in ca. 10 gleich große Scheiben schneiden. Auf jede Scheibe ca. 2 TL Brombeermasse geben, Teig fest darumschlagen und zu einer Kugel formen.

Mit der Naht nach unten auf ein gefettetes Backblech legen und mit zerlassener Butter bestreichen.
Nun noch ca. 20 Min. gehen lassen.
20 Min. backen. Die Hefeknödel mit Puderzucker garnieren.

Backzeit: 20 Min.
Backtemperatur: 200 °C

Anzahl: 10 Stück

Lecker ist zu den noch warmen Knödeln Vanilleeis!

Schwarzwälder Kirschrolle

Teig:
4 Eier · 100 g Staubzucker · 1 Prise Salz · 75 g Weizenmehl
20 g Stärkemehl · 1 Prise Backpulver · 3-4 EL Kakao

Füllung:
1 Glas Sauerkirschen · 1 Päckchen Vanillepuddingpulver
2 EL Zucker · 500 ml Schlagsahne · 2 Päckchen Sahnesteif
2 Päckchen Vanillezucker

Die Eier trennen. Eigelb, Staubzucker und Salz zusammen schaumig rühren. Die steif geschlagenen Eiweiß auf die Eigelbmasse geben. Mehle mit einer Prise Backpulver und dem Kakao darübersieben und alles mit dem Schneebesen vorsichtig unterheben. Den Teig ca. 1 cm dick auf ein mit Backpapier ausgelegtes Blech streichen und backen. Nach dem Backen sofort auf ein mit einem Tuch belegtes Blech stürzen, das Backpapier abziehen und den Boden im Tuch einrollen.

Den abgekühlten Boden mit der Hälfte der Sahne bestreichen. Den Vanillepudding mit 2 EL Zucker, dem Kirschsaft und den Kirschen aufkochen. Völlig ausgekühlten Kirschpudding auf die Sahne streichen. Nun den Boden zu einer schönen runden Rolle aufrollen und diese nach Belieben mit der restlichen Sahne, Schokoladenstreuseln und Belegkirschen dekorieren.

Backzeit: 10 Min.
Backtemperatur: 200°C

Erdbeer-Nougat-Traum

Teig:
4 Eier · 3 Zwiebäcke · 60 g Zucker · 200 g gemahlene Haselnusskerne
1 Prise Salz · 1 Msp Zimt

Füllung:
200 g Nussnougat · 150 ml Schlagsahne · 250 g frische Erdbeeren
1 Päckchen Sahnesteif · 1 Päckchen Vanillezucker

zum Verfeinern:
200 g Schlagsahne · 200 g Erdbeeren · 100 g Schokoraspeln, zartbitter

Eier trennen, Zwieback zerkrümeln, Eigelb und 40 g Zucker schaumig schlagen. Ei und Zwieback verrühren. Eiweiß mit restlichem Zucker steif schlagen. Eischnee, gemahlene Haselnusskerne, Salz und Zimt unter die Eigelb-Zwieback-Masse heben. In einer nur am Boden gefetteten Springform (Durchmesser: 26 cm) backen.

Nussnougat und Schlagsahne im Wasserbad schmelzen, beim Erkalten mit dem Schneebesen rühren.

Tortenboden waagerecht in drei Teile schneiden. Nougatcreme auf die zwei Böden verteilen, von den Erdbeeren schmale Streifen schneiden und auf der Nougatcreme verteilen.

Die Böden aufeinander setzen. Mit der geschlagenen Sahne bestreichen und mit den Erdbeeren und Schokoraspeln garnieren.

Backzeit: 25 Min.
Backtemperatur: 200 °C

Bananenrolle

Teig:
4 Eier · 100 g Puderzucker · 1 Prise Salz · 75 g Weizenmehl
25 g Stärkemehl · 1 Prise Backpulver

Füllung:
750 ml Milch (3,5 % Fettgehalt) · 4 EL Zucker
2 Päckchen Vanillepuddingpulver · 300 g Butter · 2 Bananen

zum Verfeinern:
Schokoladenraspeln und Krokant

Eier trennen. Eigelb, Staubzucker und Salz schaumig rühren. Steifgeschlagene Eiweiß auf die Eigelbmasse geben. Mehl und Backpulver mischen und darüber sieben, mit dem Schneebesen locker unterheben. Den Teig ca. 1 cm dick auf ein mit Backpapier belegtes Blech streichen. 10 Min. backen, sofort auf ein mit einem Tuch belegtes Brett stürzen und das Backpapier abziehen, mit dem Tuch zu einer Rolle aufrollen. Die ausgekühlte Teigrolle ausrollen und mit der Hälfte der Buttercreme bestreichen. Dazu aus Milch, Zucker und Puddingpulver einen Pudding kochen, ca. 100 g der Butter unter den noch warmen Pudding rühren (damit sich keine Haut bildet, ständig rühren). Zur übrigen weichen Butter löffelweise den Pudding rühren. Butter und Pudding müssen etwa die gleiche Temperatur haben. Nun die zwei geschälten Bananen in den Teig einrollen. Die Rolle mit der zweiten Hälfte Buttercreme einstreichen und nach Belieben garnieren.

Backzeit: 10 Min.
Backtemperatur: 200 °C

Saftiger Apfelkuchen mit Zimtsahne

Teig:
125 g Magerquark · 125 g Butter · 150 g Mehl · 1 Prise Salz
1 Päckchen Vanillezucker

Belag:
600 g säuerliche Äpfel · 2 EL Butter · 3 EL Zucker · 4 EL gehackte Walnüsse

zum Verfeinern:
200 g Schlagsahne · 1 Päckchen Sahnesteif · 1 Päckchen Vanillezucker
½ TL Zimt

Quark in einem Sieb abtropfen lassen. Die kalte Butter in kleine Stücke schneiden. Alle Teigzutaten in eine Schüssel geben und mit einem Messer zerhacken. Dann mit den Händen den Teig rasch verkneten und in Folie gewickelt mindestens zwei Stunden kalt stellen. Backofen auf 200 °C vorheizen.

Eine Springform (Durchmesser: 26 cm) mit Pergamentpapier auslegen und dick mit Butter bestreichen. Zucker darauf verteilen. 5-7 Minuten in den Backofen stellen, bis der Zucker bräunlich wird, dann sofort herausholen und die Nüsse auf den Zucker streuen. Die gewaschenen, geschälten Äpfel vom Kerngehäuse befreien und vierteln, in die gezuckerte Form legen. Den Teig auf einer bemehlten Arbeitsfläche ausrollen und auf die Äpfel geben. Den Kuchen etwa 40 Min. backen. Nach dem Backen den Springformrand lösen und den Kuchen sofort auf eine Platte stürzen, Pergamentpapier abziehen.

Die Sahne mit dem Sahnesteif, Vanillezucker und Zimt steif schlagen und den ausgekühlten Kuchen damit garnieren oder dazu reichen.

Backzeit: 40 Min.
Backtemperatur: 200 °C

Birnen-Streusel-Kuchen

Teig:
600 g Birnen, geschält, halbiert und ohne Kerngehäuse · 250 g Butter
150 g gehackte Mandeln · 200 g Zucker · 1 Prise Salz
2 Päckchen Vanillezucker · 260 g Mehl

zum Verfeinern:
1 Päckchen Vanillezucker · 2 EL Puderzucker · ½ TL Zimt

Die Butter für die Streusel bei kleiner Hitze schmelzen. Die lauwarme Butter in einer Schüssel mit gehackten Mandeln, Zucker, Salz, 2 Päckchen Vanillezucker und Mehl vermischen und zu Krümeln zerreiben. Die Hälfte der Brösel in eine gefettete Form (Durchmesser: 26 cm) streuen und etwas fest drücken. Die Birnenhälften fächerförmig einschneiden und auf die Brösel legen.

Dann mit den übrigen Bröseln bedecken und knusprig backen. Den Ofen abschalten, öffnen und den Kuchen darin kurz abkühlen lassen. Puderzucker, Vanillezucker und Zimt mischen und über den Kuchen streuen. Er schmeckt lauwarm am besten!

Backzeit: 20 Min.
Backtemperatur: 200°C

Leichte, fruchtige Torten

Apfelmustorte

Teig:
130 g Butter oder Margarine · 100 g Zucker · 1 Päckchen Vanillezucker
1 Ei · ½ Päckchen Backpulver · 150 g Mehl

Füllung:
ca. 2 l dickes Apfelmus · 8 EL Grieß · 1 Gläschen Weinbrand
Zimt nach Belieben · 1 Spritzer Zitronensaft

Guss:
3 Eier · 80 g Zucker · 100 ml Kaffeesahne · 25 g Speisestärke · 1 Prise Salz

Butter, Zucker und Vanillezucker schaumig schlagen. Ei, Mehl und Backpulver zugeben. Teig in eine gefettete Springform mit ca. 28 cm Durchmesser geben. Für die Füllung das Apfelmus mit dem Grieß aufkochen, Zimt und Zitronensaft zufügen, auf den Boden streichen und ca. 30 Minuten backen.

Für den Guss Eier trennen, Eigelb und Zucker schaumig schlagen. Kaffeesahne und Speisestärke verquirlen und zugeben, gesalzenen Eischnee unterheben. Alles auf den vorgebackenen Kuchen streichen und noch ca. 15 Minuten goldgelb backen. Kuchen über Nacht in der Form auskühlen lassen – Schlagsahne mit Zimt dazu reichen.

Backzeit: 45 Min.
Backhitze: 200 °C

Himbeerherz

Teig:
50 g Marzipanrohmasse · 50 g gemahlene Mandeln · 150 g Butter
100 g Zucker · 1 Prise Salz · 3 Eier · 150 g Mehl · ½ Päckchen Backpulver
5 EL Milch

Füllung:
75 g Zucker · 5 Blatt Gelatine · 400 g Doppelrahm-Frischkäse
200 ml Himbeersaft · 200 g Schlagsahne · 1 Päckchen Vanillezucker
250 g frische Himbeeren · 100 g Mandelblättchen

Marzipan zerkleinern, mit gemahlenen Mandeln, Butter und Zucker cremig rühren. Salz und Eier einzeln unterrühren. Mehl, Backpulver und Milch im Wechsel unterrühren. In eine gefettete Herzform (ca. 26 cm Durchmesser) füllen und backen. Auskühlen lassen. Herz waagerecht halbieren.

Gelatine einweichen. Frischkäse mit Zucker und Himbeersaft verrühren. Die aufgelöste Gelatine in 2 EL Creme verrühren. Angerührte Gelatine in übrige Creme rühren.

Sahne und Vanillezucker steif schlagen und unterheben. Ein Drittel der Creme abnehmen, den unteren Boden mit etwas Creme bestreichen und die Himbeeren bis auf einige zum Garnieren darauf legen. Nun mit der Creme bedecken und 30 Min. kalt stellen. Anderen Boden aufsetzen. Herz mit dem Rest der Creme bestreichen. Mandelblättchen an den Tortenrand andrücken und das Herz mit frischen Himbeeren garnieren.

Backzeit: 40 Min.
Backtemperatur: 175 °C

Erdbeer-Quark-Torte

Teig:
800 g Quark (20 % Fett) · 500 g Magerquark · 6 Eier · 200 g Zucker
1 Prise Salz · 1 Päckchen Puddingpulver Vanillegeschmack

Belag:
250 g frische Erdbeeren · ¼ l Erdbeersaft · 2 EL Zucker
1 Päckchen Puddingpulver Erdbeergeschmack

zum Verfeinern:
2 EL gehackte Pistazien · einige frische Erdbeeren

Quark, Eier, Zucker, Salz und Vanillepuddingpulver nacheinander verrühren. Die Masse in eine gefettete Springform (Durchmesser: 26 cm) streichen, backen.

Nach dem Backen die Torte noch etwa 20 Min. bei geöffneter Ofentür ruhen lassen. Nun die Erdbeeren waschen und klein schneiden.

Zucker und Puddingpulver mit dem Saft aufkochen lassen und die Erdbeeren unterheben. Die Masse auf der Torte verteilen und eine Stunde kalt stellen. Zum Verfeinern mit frischen Erdbeeren garnieren und mit gehackten Pistazien bestreuen.

Backzeit: 1 Stunde
Backtemperatur: 170 °C

Sahne-Kokos-Torte

Teig:
4 Eier · 150 g Zucker · 125 g Butter · 100 g Mehl · 1 TL Backpulver
50 g Kokosraspeln

Füllung:
4 EL Johannisbeerkonfitüre · 400 ml Sahne
2 Päckchen Bourbon-Vanillezucker · 2 Päckchen Sahnesteif

zum Verfeinern:
100 g Kokosraspeln · etwas Sahne · etwas Johannisbeergelee

Den Backofen auf 180 °C vorheizen. Eier trennen. Eiweiß mit 25 g Zucker steif schlagen. Butter und übrigen Zucker schaumig schlagen. Eigelbe einzeln unterrühren, dann Mehl sowie Backpulver mischen und langsam einrühren.

Kokosraspeln anrösten, 50 g mit dem Eischnee unter den Teig heben. Die Masse in eine mit Backpapier ausgelegte Springform (26 cm Durchmesser) geben und 30 Min. backen.

Erkalteten Boden waagerecht halbieren und den unteren mit Konfitüre bestreichen. Sahne mit Sahnesteif und Vanillezucker steif schlagen. Ein Drittel auf die Konfitüre streichen. Mit dem zweiten Boden abdecken und die Torte mit der Hälfte der übrigen Sahne dünn einstreichen. Die Torte mit Sahnetupfen, Kokosraspeln und Johannisbeergelee verzieren.

Backzeit: 30 Min.
Backtemperatur: 180 °C

Kiwitorte mit Mascarpone

Teig:
4 Eier · 120 g Zucker · 50 g Mehl · 60 g Speisestärke · 1 TL Backpulver

Füllung:
300 ml Schlagsahne · 2 Päckchen Vanillezucker · 5 Blatt Gelatine
300 g Mascarpone · 200 g Magerquark · einige Tropfen grüne Speisefarbe
50 g Zucker · 300 g frische, geschälte Kiwis

zum Verfeinern:
ca. 3 Kiwis · ¼ l Kiwisaft · 1 Päckchen Tortenguss · 250 ml Schlagsahne
1 Päckchen Vanillezucker · 1 Päckchen Sahnesteif

Eier trennen, Eiweiß mit Zucker steif schlagen und Eigelb unterrühren. Mehl, Stärke und Backpulver mischen und unterheben. In eine mit Backpapier ausgelegte Springform (Durchmesser: 26 cm) streichen und backen.

Für die Füllung die Sahne mit dem Vanillezucker steif schlagen. Gelatine einweichen. Mascarpone, Quark, Speisefarbe und Zucker verrühren. Die geschälten Kiwis pürieren.

Gelatine ausdrücken, auflösen. Zuerst unter das Püree, dann alles unter die Mascarponecreme rühren und die geschlagene Sahne unterheben. Den ausgekühlten Boden waagerecht halbieren, den Tortenring wieder umlegen und zwei Drittel der Creme auf den Boden geben und glatt streichen. Auf die Creme den zweiten Boden setzen und andrücken. Nun den Rest der Creme darauf streichen und zwei Stunden kalt stellen.

Die drei Kiwis schälen und in dünne Scheiben schneiden, diese mittig auf die Torte legen. Guss mit Zucker und Kiwisaft aufkochen und die Kiwischeiben damit bestreichen.

Die Sahne mit Vanillezucker und Sahnesteif schlagen, Tortenrand bestreichen und mit dem Rest garnieren.

Backzeit: ca. 20 Min.
Backtemperatur: 170 °C

Käsetorte Stracciatella

Teig:
130 g weiche Butter · 100 g Zucker · 1 Päckchen Vanillezucker · 4 Eier Saft einer Zitrone · 1 Prise Salz · 750 g Magerquark · 60 g Mehl 2 TL Backpulver · 150 g Schokoraspeln

Sehr weiche Butter mit Zucker, Vanillezucker, Eiern, Zitronensaft und Salz schaumig schlagen. Nach und nach den Quark dazugeben. Mehl, Backpulver und Schokoraspeln mischen. Das Mehl-Schoko-Gemisch zur Quarkmasse geben und alles vermengen. Teig in eine gefettete Springform (Durchmesser: 26 cm) einfüllen und backen. Kuchen mindestens 15 Min. abkühlen lassen, dann vorsichtig die Form öffnen.

Backzeit: 45 Min.
Backtemperatur: 190 °C

Rotkäppchentorte

Teig:
1 Glas entsteinte Sauerkirschen · 100 g Butter · 150 g Zucker
1 Päckchen Vanillezucker · 3 Eier · 150 g Mehl · 2 TL Backpulver
3 EL Nuss-Nougat-Creme

Füllung:
500 ml Schlagsahne · 3 Päckchen Sahnefestiger · 500 g Speisequark (20% Fett)
100 g Zucker · 1 Päckchen Vanillezucker · 2 Päckchen roter Tortenguss

zum Verfeinern:
100 ml Schlagsahne · Sauerkirschen zum Garnieren

Kirschen abtropfen lassen, Saft dabei auffangen. Butter, Zucker und Vanillezucker schaumig rühren. Eier einzeln unterrühren. Mehl und Backpulver mischen und ebenfalls unterrühren. Die Hälfte vom Teig in eine gefettete Springform (26 cm Durchmesser) streichen. Nuss-Nougat-Creme unter restlichen Teig mischen, Kirschen darauf verteilen und backen. Auskühlen lassen.

Die Sahne mit Sahnefestiger steif schlagen. Quark, 50 g Zucker und Vanillezucker verrühren. Sahne unterheben. Formrand um den Boden legen. Quarkmasse darauf verstreichen. Kühl stellen. Aufgefangenen Kirschsaft mit Wasser auf 400 ml auffüllen. Gusspulver, 50 g Zucker und den Saft anrühren. Aufkochen und kurz abkühlen lassen. Tortenguss auf dem Quark verteilen. Torte ca. 4 Stunden kühl stellen. Sahne steif schlagen. Torte mit Sahne und Kirschen verzieren.

Backzeit: 40-45 Min.
Backtemperatur: 175 °C

Zebra-Torte

Teig:
6 Eier · 350 g Zucker · 375 g Mehl · 1 Päckchen Backpulver
125 ml Wasser · 125 ml Öl · 2 EL Kakaopulver

Füllung:
200 g Vollmilch-Schokolade · 100 g Zartbitterschokolade
750 ml Schlagsahne

zum Verfeinern:
25 g Vollmilch-Schokolade · 200 ml Schlagsahne

Springform (26 cm Durchmesser) mit Backpapier auslegen. Eier trennen. Eiweiß steif schlagen und 175 g Zucker einrieseln lassen. Eigelb, 125 ml Wasser und 175 g Zucker schaumig rühren. Mehl und Backpulver mischen und mit Öl unterrühren. Eischnee portionsweise unterheben. Teig halbieren, Kakao unter eine Teighälfte heben. Abwechselnd hellen und dunklen Teig löffelweise genau aufeinander in die Mitte der Form füllen. Dabei fließt er auseinander und das Zebramuster entsteht.

Im vorgeheizten Ofen bei 175 °C ca. eine Stunde backen. Auf einem Kuchengitter auskühlen lassen. Boden zweimal durchschneiden. Die Vollmilch- und Zartbitterschokolade hacken. Die Sahne erhitzen, vom Herd ziehen. Schokolade darin schmelzen. In eine Rührschüssel füllen und über Nacht kühl stellen.

Schokosahne aufschlagen. Creme halbieren, die zwei unteren Böden mit der einen Hälfte bestreichen, aufeinander setzen. Oberen Boden darauf setzen. Torte mit restlicher Creme einstreichen. 200 ml Sahne steif schlagen. In einen Spritzbeutel mit Lochtülle füllen und die Torte garnieren. 25 g Vollmilch-Schokolade mit einem Sparschäler in Locken abziehen und über die Torte verteilen.

Backzeit: ca. 1 Stunde
Backtemperatur: 175 °C

Anzahl: 16 Stück

Rezeptverzeichnis · Backtipps

Rezeptverzeichnis

Einige hilfreiche Tipps fürs Backen:

Wenn der Teig beim Ausrollen an der Rolle klebt, einfach Frischhaltefolie auf den Teig legen und ausrollen.

Mohn vorm Mahlen eine Stunde einfrieren, dann wird er nicht bitter und entwickelt sein Aroma besser.

Damit Schokoladenguss schön glänzend wird, beim Schmelzen im Wasserbad etwas Öl unterrühren.

Früchte zum Garnieren sehen sehr schön aus, wenn man sie nach dem Waschen gut abtropfen lässt und vorm Garnieren in Staubzucker wälzt.

Beim Zubereiten von Buttercreme sollte man in den warmen Pudding immer etwas Butter einrühren, damit sich keine Haut bildet.

Plätzchen immer in Dosen aufbewahren, die man fest verschließen kann, dann bleiben sie sehr lange frisch. Sollten sie doch einmal hart geworden sein, kann man ein Stück Apfel in die Dose legen und sie schmecken wieder.

Biskuitteig sollte man mindestens 5 Minuten oder wenn möglich noch etwas länger schlagen, damit der Teig luftiger wird. Beim Backen ist es immer sehr wichtig, viel gute Laune und Zeit zu haben, umso besser gelingt das Backwerk.

Im BuchVerlag für die Frau ebenfalls erschienen:

Roland Bergmann
Backen in der Oberlausitz
ISBN 978-3-89798-230-7
112 Seiten, Farbfotos, gebunden

Bäckermeister Bergmann stellt bekannte, beliebte Traditionsrezepte vor: Brot, Würziges zum Knabbern, Flammkuchen, Kirschtorte, Osterbrot, Othellotorte, Vogelhochzeitsgebäck und vieles mehr.

Das Backbuch
ISBN 978-3-932720-04-8
224 Seiten, Farbtafeln, gebunden

Der Backklassiker noch aus DDR-Zeiten – übersichtlich, zuverlässig, praktikabel. Alle Teigarten ausführlich beschrieben, die Rezepte bewährt und auch für Anfänger gut geeignet.

BuchVerlag für die Frau
Gerichtsweg 28 | 04103 Leipzig
Tel. 0341/9954 371 | Fax 0341/9954 373
www.buchverlag-fuer-die-frau.de